THÉATRE DES VARIÉTÉS.

LES ASSOCIÉS

VAUDEVILLE EN UN ACTE

Par MM. LA ROUNAT et MONTJOYE (Armand)

Représenté pour la première fois, à Paris, sur le théâtre des VARIÉTÉS, le 2 novembre 1849.

PRIX : 50 CENTIMES.

PARIS
BECK, LIBRAIRE
RUE GIT-LE-CŒUR, 12
TRESSE, successeur de J.-N. BARBA, Palais-National.
1849

LES ASSOCIÉS

VAUDEVILLE EN UN ACTE,

Par MM. LA ROUNAT et MONTJOYE,

Représenté pour la première fois, à Paris, sur le théâtre des VARIÉTÉS, le 2 Novembre 1849.

PERSONNAGES.	ACTEURS.
RIBOULOT, marchand grainetier	MM. LECLÈRE.
GRAFFIGNOL, son ancien associé	NEUVILLE.
ISIDORE, fils de Graffignol	DUVERNOY.
ANATOLE, garçon de Riboulot	JEAULT.
FŒDORA, fille de Riboulot	Mlle P. POTEL.

Les indications sont prises du spectateur.

Le théâtre représente une arrière-boutique de grainetier. — A droite, au premier plan, une porte; au deuxième plan, une trappe conduisant à la cave; au fond, une porte et un vitrage donnant sur la boutique; à gauche, premier plan, un bureau sur lequel il y a plusieurs livres; au deuxième plan, une porte; à peu près au milieu, une petite table, sur laquelle il y a un tamis; chaises et accessoires, tels que van, sacs, etc.

SCÈNE PREMIÈRE.

ANATOLE, *puis* FŒDORA.

ANATOLE, *sortant de la cave, dont il referme la trappe.*) Là!... c'est fini!... v'là que j'viens de descendre à la cave le dernier sac de maïs...

FŒDORA, *entrant par la gauche* (1). Bonjour, Anatole.

ANATOLE. Bonjour, Mam'selle... Dites donc, Mam'selle Fœdora, avez-vous remarqué comme depuis quelques jours, le père Riboulot, monsieur votre papa, a l'air drôle?

FŒDORA. A qui le dites-vous?.. Hier, parce que je lui parlais de son ami Graffignol et... de son fils Isidore... il s'est mis dans une colère!.. et il m'a déclaré qu'Isidore et moi nous ne nous marierions jamais!

ANATOLE, *très étonné.* Ah! bah! il a dit ça!.. (*Avec soupçon, à part.*) Est-ce que ce serait à cause de la nuit du dix novembre?.. Le moment serait donc définitivement venu d'accomplir la mission des défuntes bourgeoises?..

FŒDORA. Vous dites?..

ANATOLE. Si c'est ce que je suppose, Mam'selle, vous n'avez plus d'espoir qu'en moi.

(1) F. A.

FŒDORA. Vous, Anatole?

ANATOLE. Oui, mais, c'est un secret... et qui m'embarrasse terriblement, allez!.. depuis vingt ans je l'ai sur le cœur!..

FŒDORA. Pourquoi ne parlez-vous pas?..

ANATOLE. Eh! pardié! j'essaie à chaque instant; je l'ai essayé cent fois, de leur parler... car ça regarde votre papa et son ami Graffignol... Mais, vous le savez, M. Graffignol est vif, votre papa est emporté... je ne sais pas comment ils peuvent prendre la chose... Je craindrais, en disant ça tout crûment, de m'attirer des taloches... il faut biaiser, voyez-vous... j'ai déjà employé les moyens les plus ingénieux... sans succès... Au jour de l'an, je leur ai donné des papillotes avec des devises bien propres à les mettre sur la voie de ce fameux secret... Eh bien! ils ont mangé les papillotes, et ils n'ont pas voulu comprendre... Hier, j'ai encore essayé une allusion charmante... mais je m'épuise à la fin.

FŒDORA. Oh! mon petit Anatole, songez qu'il y va de mon bonheur... essayez encore.

ANATOLE. Je ne demande pas mieux... mais il me faudrait une bonne idée... (*Regardant au fond, et passant à gauche*) (1). Ah! voici le père Riboulot... je vas tâcher d'amener la conversa-

(1) A. F.

tion là-dessus, et de lui couler ça en douceur... Laissez-nous. (*Il se met à tamiser.*)

SCÈNE II.

LES MÊMES, RIBOULOT, *entrant par le fond, soucieux et préoccupé.*

FŒDORA (1). Bonjour, papa.

RIBOULOT, *l'embrassant froidement.* Bonjour, ma fille.

FŒDORA. Je vais étudier mon chant.

RIBOULOT. Allez étudier votre chant. (*Fœdora sort par la gauche, en faisant des signes à Anatole.*)

SCÈNE III.

RIBOULOT, ANATOLE.

ANATOLE, *quittant son tamis et venant près de Riboulot* (1). Eh bien! monsieur Riboulot, voilà votre ancien associé et ami Graffignol, qui revient avec son fils Isidore... Vous allez être content, et mam'selle Fœdora aussi.

RIBOULOT. Fœdora, trop peut-être... mais, moi, non.

ANATOLE. Vous, non?.. Pardon, patron, M. Isidore convient à mademoiselle Fœdora, mademoiselle Fœdora convient à M. Isidore... les papas sont de vieux amis, associés pendant vingt ans dans les graines et herbes sèches... Eh dame! vous étiez joliment liés du temps des défuntes bourgeoises... les enfants se marieraient que ça serait très gentil...

RIBOULOT. Laisse-moi tranquille, et va me chercher ce qu'il me faut pour réparer cette fuite... de gaz, qui s'est faite dans ma cave.

ANATOLE, *à part, en rangeant sa table au fond, à gauche.* Son trouble est manifeste... mais comment lui tourner ça?.. (*Il sort par le fond.*)

SCÈNE IV.

RIBOULOT, *seul.* Graffignol revient et son fils avec... je pourrais en être content, mais j'en suis fâché... Je ne suis pas sans reproches à l'égard de Graffignol... et je ne suis pas sans peur... Oh! fatale nuit du dix novembre! (*Il s'assied, à gauche, prend sa tête dans ses mains et pousse un énorme soupir.*) Le dix novembre mil huit cent vingt-neuf, il y a vingt ans!... c'était la nuit... j'étais vêtu d'un habit marron, brûlant d'amour et partant pour Dijon, où la graine de moutarde m'appelait... A la brune, feignant un départ calculé, je quittai mon domicile... Le trop confiant Graffignol partait, lui aussi, le même soir, mais sans feinte, pour la Bretagne, et dans des intentions de gruau... Olympe, l'épouse de mon ami, cédant enfin à ma poursuite obstinée, Olympe devait m'attendre. A la faveur des ombres de la nuit, je me glissai dans l'appartement de mon associé... (*Se levant.*) O fatale nuit du dix novembre mil huit cent vingt-neuf!.. Au mois de juillet de l'année suivante, presque en même temps qu'Anastasie, ma chaste épouse, me donnait une fille, Graffignol voyait naître un héritier de son nom!

Air : *Vaudeville de partie et revanche.*

Nuit de bonheur! gage de ma conquête,
Gage d'amour, Isidore est mon fils!
Il est mon fils! n'y a qu'un' chos' qui m'embête,
De Graffignol, c'est le nom qu'il a pris :
C'est Graffignol que s'appelle mon fils!
Ça s' voit quelqu'fois, mais on enrage;
Dans un' pareill' collaboration,
Quand on a mis seul la main à l'ouvrage,
De voir, hélas! l'autre y mettre son nom!

Mais voilà-t-il pas que ce fils est amoureux de ma fille!.. c'est là le hic!.. sans compter que depuis vingt ans je crains toujours que Graffignol n'évente quelque chose... (*Allant soulever la trappe de la cave.*) Ah! si je pouvais trouver ce trésor, que, sous le prétexte de réparer une fuite dans ma cave, je cherche dans les fondations de l'hôtel mitoyen qu'on démolit!.. avec de l'argent on arrange bien des choses. — Oh! un trésor! Tout le monde assure qu'il y en a un... les journaux eux-mêmes le disent... et si les journaux le disent... c'est que c'est vrai... Je pourrais donc, sans faire de tort à ma fille Fœdora, donner une bonne somme à mon petit Isidore...

Air de la *Robe et des bottes.*

Pour Fœdora, j'ai fait des sacrifices...
L' titre de pèr' me coûte déjà bon!...
J'ai dû payer bien des mois de nourrices,
Sans compter l' sucr', le café, le savon!
Mais Isidor' produit d'une autre flamme
Ravie à la communauté,
Est d'autant plus cher à mon âme,
Qu'il ne m'a jamais rien coûté.

SCÈNE V.

RIBOULOT, ANATOLE, *entrant par le fond.*

ANATOLE, *apportant une bêche, un merlin, et une lanterne sourde, qu'il dépose contre le mur, à droite* (1). Voilà pour votre fameuse fuite.

RIBOULOT. Hein?

(1) A. R. F.
(2) A. R.

(1) R. A.

ANATOLE, *à part.* Je crois que j'ai trouvé une bonne idée... je vas essayer. (*Haut.*) Dites donc, bourgeois, ça avance la démolition de l'hôtel à côté... les caves de cette maison-ci, celles de la maison à M. Graffignol, celles du grand hôtel, tout ça ne fera bientôt plus qu'un... ce n'est que crevasses!..

RIBOULOT. C'est bon!

ANATOLE. Et savez-vous pourquoi cette démolition?..

RIBOULOT, *passant à droite* (1). Ça m'est égal.

ANATOLE. Eh bien, bourgeois, c'est pour construire un quatrième théâtre lyrique...

RIBOULOT. Qu'est-ce que ça me fait?

ANATOLE. Ah! mais, ça me fait à moi... parce que j'ai fait une pièce que je destine à ce théâtre. (*A part.*) La v'là, l'idée, la v'là!..

RIBOULOT. Laisse-moi!

ANATOLE, *persistant toujours.* Voulez-vous que je vous dise mon sujet?..

RIBOULOT. Non.

ANATOLE, *tenant toujours bon.* Voilà ce que c'est: Deux associés...

RIBOULOT, *qui allait pour sortir, à droite, se retournant.* Deux associés!..

ANATOLE, *observant Riboulot.* Du temps d'Henri IV... (*A part.*) C'est assez adroit... (*Haut.*) Timante et Alcandre avaient deux femmes... Timante chérissait tendrement la sienne, mais plus encore celle de son ami.

RIBOULOT, *inquiet.* Hum! hum!.. (*Il marche sur Anatole qu'il fait tourner.*)

ANATOLE (2). Embrasé de ce coupable feu, il poursuivait de sa passion criminelle et de lettres incendiaires, cette épouse vertueuse autant que tendre... elle résistait... Timante n'en était que plus pressant... que faire?.. Parler?.. les deux maris pouvaient s'entretuer...

RIBOULOT, *ému.* Ç'eût été affreux!.. (*Avec intention.*) Continue.

ANATOLE. Elle confie son embarras à... son page... le jeune et beau Cléobule, doué d'une raison supérieure à son âge... l'ingénieux Anatole...

RIBOULOT. Hein?.. (*Il marche encore sur lui et le fait tourner.*)

ANATOLE, *se reprenant* (3). C'est-à-dire...Cléobule arrange l'affaire. Timante obtient un rendez-vous, qui devait être et qui fut le seul, la nuit, dans le silence et l'ombre... mais...

RIBOULOT, *d'un air déterminé et saisissant Anatole par sa cravate.* Écoute... Ta pièce est très bien... mais, si je savais que tu eusses la moindre intention... tu comprends... une intention quelconque... (*Le lâchant.*) Je ne te dis que ça... et je vais voir si les maçons sont allés déjeuner.

(1) A. R.
(2) R. A.
(3) A. R.

Air du *Brasseur de Preston.*

Leur présence dans l'édifice
Est un obstacle à mes travaux;
Et je suis vraiment au supplice,
Tant qu'ils sont sur leurs échafauds.

ENSEMBLE.

Leur présence, etc.

ANATOLE.

Leur présence dans l'édifice
Est un obstacle à ses travaux :
Il a l'air vraiment au supplice,
Tant qu'ils sont sur leurs échafauds.

(*Riboulot sort par la droite.*)

SCÈNE VI.

ANATOLE, *puis* GRAFFIGNOL.

ANATOLE. Est-il!.. est-il emporté... avec son air froid!.. j'en étais sûr... il refuse de m'entendre... ma mission devient épineuse, sans cesser d'être délicate... car enfin je dois...

GRAFFIGNOL, *en dehors*, Hé!.. là-bas!.. holà! quelqu'un!..

ANATOLE. On y va!.. Oh! oui, qu'elle est délicate!.. On y va!.. (*Voyant Graffignol qui entre par le fond.*) Tiens! c'est vous, monsieur Graffignol?..

GRAFFIGNOL (1). Oui, c'est moi...

ANATOLE. Vous n'êtes donc plus à Pontoise?

GRAFFIGNOL. Je ne crois pas.

ANATOLE. Comme vous revenez!

GRAFFIGNOL. Mais, dame... je reviens... comme on revient de Pontoise!..

ANATOLE. Vous n'y êtes pas resté longtemps, monsieur Graffignol, à Pontoise!.. Il y a à peine six mois que vous êtes parti!..

GRAFFIGNOL. Riboulot est sorti?

ANATOLE. Il sort à la minute.

GRAFFIGNOL, *à part.* Je n'en suis pas fâché. (*Haut.*) Je venais pour le voir... en arrivant de voyage... visite obligée... mais puisqu'il n'y est pas... (*Il va pour s'en aller.*)

ANATOLE (2). Vous n'êtes pas si pressé?.. et M. Isidore!..

GRAFFIGNOL. Isidore!.. pas mal... pas mal... Il est provisoirement claquemuré dans ma propre maison, dont je porte la clé sur moi, et à moins qu'il fasse un trou sous terre, il faudra bien qu'il y reste... Il doit s'ennuyer... il le doit... mais j'aime mieux ça...

ANATOLE. Tiens! vous avez donc des raisons pour...

GRAFFIGNOL. J'en ai!.. je l'amène à Paris, parce que, vois-tu, Anatole... je l'avais d'abord destiné

(1) G. A.
(2) A. G.

à l'épicerie, mais il n'a pas le feu sacré... et puis, vois-tu, Anatole, dans l'épicerie, il faut connaître trop de choses... il y a la question des sucres qu'il faut approfondir jusqu'au raffinement... et puis l'art de vérifier les dattes... c'est si vétilleux la datte!.. faut connaître la géographie pour les denrées coloniales... la chimie pour les allumettes... la banque pour les affaires...

ANATOLE. Un peu de banque ça ne nuit jamais.

GRAFFIGNOL. Enfin, il faut trop de choses... aussi j'ai pris mon parti... et je le flanque tout bonnement à l'École polytechnique.

ANATOLE. C'est bien plus simple, et vous avez raison, bourgeois...

GRAFFIGNOL. Tu m'as appelé bourgeois?

ANATOLE. Ne l'avez-vous pas été vingt ans?.. associé avec l'autre bourgeois, M. Riboulot?..

GRAFFIGNOL, *à part*. O fatal souvenir!

ANATOLE, *avec intention*. C'était le bon temps!

GRAFFIGNOL, *le faisant reculer*. Pourquoi dis-tu que c'était le bon temps?.. (*A lui-même.*) Son associé!.. je ne le fus que trop!.. Tu diras bien des choses à Riboulot de ma part... (*Il va pour sortir.*)

ANATOLE. Attendez donc un peu... M. Riboulot va revenir... (*A part.*) Ah! il faut que je lui parle aussi... à lui!

GRAFFIGNOL. Eh bien! va dire à Fœdora de venir m'embrasser, alors...

ANATOLE, *pensif, à part*. Mais il me faudrait une autre idée... (*Haut, à Graffignol.*) Je vas lui dire. (*Il sort par la gauche.*)

SCENE VII.

GRAFFIGNOL, *seul*. Cette chère enfant! quel bonheur de la revoir!.. mais son inclination pour mon drôle de fils m'épouvante!.. ô fatale nuit du dix novembre... (*Il s'assied, à droite, prend sa tête dans sa main, et pousse un énorme soupir.*) Le dix novembre mil huit cent vingt-neuf, il y a vingt ans!.. c'était la nuit!.. j'étais vêtu d'un habit vert-pomme... j'allais à Quimper-Corantin pour une affaire de gruau... mais ce départ nocturne n'était que supposé... l'infortuné Riboulot partait aussi le soir même; mais réellement, lui, pour Dijon, où la graine de moutarde réclamait sa présence... Anastasie, son épouse, touchée de mes instances, longtemps repoussées, avait promis de me recevoir pendant la nuit... Au mois de juillet de l'année suivante, Anastasie mit au monde une fille, la semaine même où ma fidèle Olympe me rendit père de mon polisson d'Isidore.

Air : *Vaudeville de partie et revanche.*

Nuit criminelle et pleine de délices,
O Fœdora, son vivant souvenir,
Si je pouvais sur mes p'tits bénéfices,
Ma chère enfant, t'arranger un av'nir,
Un' petit' dot, un rien, ça m' f'rait plaisir.
Et puis il est un' chos' qui m'entortille,
S'il m'est permis de m' servir de ce mot,
Moi, Graffignol, c'est de voir que ma fille
Porte le nom affreux de Riboulot!...
Je n' comprends pas qu'on s'appelle Riboulot!

SCÈNE VIII.

GRAFFIGNOL, ANATOLE.

ANATOLE, *rentrant par la gauche* (1). La voilà! (*Il tient un journal.*)

GRAFFIGNOL. Fœdora!

ANATOLE. Non, mon idée... Ah! mademoiselle Fœdora... elle va venir... (*Lui présentant le journal.*) Tenez, en l'attendant, lisez le journal, le feuilleton... ça vous amusera.

GRAFFIGNOL, *passant à gauche*. Non, ça ne m'amusera pas.

ANATOLE, *à part* (2). Je la mets en feuilleton, cette fois-ci, mon idée. (*Haut.*) Il est bien joli pourtant .. tenez, je vas vous le raconter...

GRAFFIGNOL. Non.

ANATOLE. Deux associés...

GRAFFIGNOL. Deux associés!...

ANATOLE. Du temps de Charlemagne...

GRAFFIGNOL. Non, je te dis que ça ne m'amusera pas. Je déteste les histoires d'associés...

ANATOLE. Si... deux associés. (*Regardant à droite.*) Bon! v'là le patron maintenant!...

SCÈNE IX.

LES MÊMES, RIBOULOT.

RIBOULOT, *entrant par la droite, à part* (3). Graffignol!.. (*Haut, et allant à lui.*) Graffignol!

GRAFFIGNOL (4). Riboulot!

RIBOULOT, *lui prenant la tête entre ses bras.* Graffignol! (*A part.*) Dans un quart d'heure les maçons déjeuneront : j'ai un quart d'heure.

GRAFFIGNOL, *à part*. Est-ce qu'il voudrait m'étouffer!.. (*Haut, et dégageant sa tête.*) Oui, Riboulot, me voilà de retour.

RIBOULOT. Pour tout-à-fait? Et notre cher Isidore?.. Il se porte bien au moins?... Pourquoi n'est-il pas avec toi, notre cher Isidore?

GRAFFIGNOL, *à part*. Notre!... pourquoi dit-il notre? Je n'oserais pas dire notre, moi?.. et pourtant... (*Haut.*) Isidore se porte bien..... merci,

(1) A. G.
(2) G. A.
(3) G. A. R.
(4) G. R. A.

C'est-à-dire... il est un peu indisposé... ce qui fait que... Mais parle-moi donc de Fœdora... de... ta fille.

RIBOULOT. Elle étudie son chant... elle roucoule dans le grenier aux avoines... elle trouve que ça a plus de son... c'est ce qui fait que... Mais Isidore?...

GRAFFIGNOL, *à part, d'un air soupçonneux.* Est-ce qu'il voudrait m'empêcher de voir sa fille?

RIBOULOT, *de même.* Aurait-il l'idée de me cacher son fils?..Il faut sortir d'un doute insupportable... (*Haut, à Anatole.*) Anatole!.. Depuis vingt ans tu es mon premier commis en foin, tu le sais, je n'ai rien de caché pour toi, tu le sais encore... Eh bien! va faire un petit tour par là... on te demande à la boutique.

ANATOLE. Bon! bon! on y'va! (*A part.*) Oh! ils sont soucieux!.. ils sont soucieux!.. (*Haut.*) On y va! on y va! (*Il sort par le fond.*)

SCÈNE X.

RIBOULOT, GRAFFIGNOL.

(*Toute cette scène doit être jouée d'une manière diplomatique.*)

GRAFFIGNOL, *à part* (1). Que va-t-il faire?

RIBOULOT, *à part.* Feignons de désirer un hymen impossible. (*Haut.*) Graffignol!...

GRAFFIGNOL. Riboulot!...

RIBOULOT. Graffignol, nous avons été associés pendant vingt ans... Vingt ans nous avons fait dans les grains ensemble... Tout était commun entre nous.

GRAFFIGNOL. Tout!... tout!... quand on dit tout...

RIBOULOT. Quand on dit tout, c'est tout.

GRAFFIGNOL. C'est tout!...

RIBOULOT. Eh bien! Graffignol, j'ai un reproche à vous faire.

GRAFFIGNOL, *à part.* Je ne me sens pas bien.

RIBOULOT. Je vais droit au fait... Graffignol, vous ne paraissez pas vous soucier de rapprocher nos enfants qui pourraient former des nœuds charmants.

GRAFFIGNOL. Je ne me suis jamais prononcé... j'ai fait « Heu! heu! » j'ai fait: « Pô! ho! » et autres sons vagues qui n'expriment que l'indécision....

GRAFFIGNOL. « Heu! heu! Pô! ho! » ne constituent pas une opinion... Tu hésites... tu as des motifs...

GRAFFIGNOL, *troublé.* Pou! hou!

RIBOULOT. Quels sont tes motifs?

GRAFFIGNOL. Mes motifs?

RIBOULOT. Oui, tes motifs... Quels motifs allègues-tu?

GRAFFIGNOL. Quels motifs j'allègue?

RIBOULOT. Prononce.

GRAFFIGNOL, *cherchant à gagner du temps.* Mais... il me semble... que je prononce bien.... j'al-lè-gue...

RIBOULOT. Prononce! prononce! prononce!

GRAFFIGNOL, *à part.* Cruelle anxiété!.. Si j'avais l'air de consentir, pour le dérouter... (*Haut.*) Oh! mon Dieu! vois-tu, Riboulot, tout bien réfléchi, si ce n'était ce gueux d'argent, moi, je ne demanderais pas mieux que de leur mettre la corde au cou.

RIBOULOT, *à part.* Il consent... c'est qu'il n'avait aucune idée... (*Haut.*) Heu! heu! il y a la question d'argent... ça, c'est vrai.

GRAFFIGNOL. Quand on s'aime... et ils s'aiment.

RIBOULOT. Pou! hou!... Ils ne s'aiment peut-être pas.. On croit comme ça...

GRAFFIGNOL. Ah çà, tu me fais des reproches, parce que je ne veux pas... je consens, et tu ne veux plus... entendons-nous...

RIBOULOT. C'est cela, entendons-nous... je te disais ça, moi, voix-tu, Graffignol... mais réellement, là, je ne suis pas sûr que mon fils puisse convenir...

GRAFFIGNOL. Ton fils?.. Ta fille à mon fils, tu veux dire?

RIBOULOT, *avec embarras.* J'ai dit... mon fils?

GRAFFIGNOL. Tu as dit : Mon fils!..

RIBOULOT. Eh bien! oui, ton fils... c'est ce que je disais... Qu'est-ce que tu dis donc?

GRAFFIGNOL. Non, tu disais que ma fille... c'est-à-dire... ton fils... Non... je disais bien... Tiens, répète ta phrase...

RIBOULOT, *passant à gauche.* Tiens!.. la voilà!

GRAFFIGNOL (2). Mon fils!

RIBOULOT, *appuyant sur l'article. La! la!...* féminin... ma fille!..

SCÈNE XI.

LES MÊMES, FŒDORA, *puis* ANATOLE.

FŒDORA, *chantant en dehors.*

Viens, je cède éperdue,
Au transport qui m'enivre!

RIBOULOT. Entends-tu?.. C'est du *Prophète* ce qu'elle chante là!

FŒDORA, *entrant par la gauche, et courant à Graffignol* (1). Tiens, bonjour, monsieur Graffignol!

GRAFFIGNOL. Qu'elle est jolie!... tu permets, cher Riboulot, que j'imprime...

RIBOULOT. Imprime! imprime!.. (*A part.*) Quel heureux caractère!

(1) G. R.

(1) R. G.
(2) G. R.

GRAFFIGNOL, *à part, après avoir embrassé Fœdora.* Quelle impression !

FŒDORA. Monsieur Graffignol, vous êtes venu tout seul?.. *Avec intention.*) Ça a dû bien vous ennuyer de voyager tout seul comme ça?

GRAFFIGNOL. La solitude a des charmes dans beaucoup de circonstances.

FŒDORA. Tout le monde va bien, là-bas... à Pontoise?

GRAFFIGNOL, *regardant toujours Riboulot.* Mais oui... merci... Pontoise va bien...

FŒDORA, *bas, à Riboulot.* Papa, demandez-lui donc pourquoi M. Isidore n'est pas venu?

RIBOULOT. Oh! je pense que...

ANATOLE, *entrant brusquement par le fond* (1). Monsieur Graffignol ! monsieur Graffignol ! je ne sais pas ce qui se passe chez vous ; mais votre fils fait un tapage d'enfer... il cogne... il fait les cent coups... tout le quartier est ameuté... si ça continue, on va battre le rappel !

GRAFFIGNOL, *allant prendre sa canne et son chapeau qu'il a déposés sur le bureau* (2). Oh! parce que je l'ai enfermé... il se sera ennuyé... je vais le calmer...

ENSEMBLE.

Air : *O rencontre imprévue* (La Barcarolle).

GRAFFIGNOL.

Je vais, sans plus attendre,
Modérer son émoi ;
J'ai le droit de prétendre
Que l'ordre règn' chez moi.

RIBOULOT, FŒDORA ET ANATOLE.

Il va, sans plus attendre,
Modérer son émoi.
Je n'ose le comprendre,
Et j'en ai quelqu' effroi.

(*Graffignol sort par le fond.*)

RIBOULOT, *à Anatole* (3). Tu aurais aussi bien fait de nous laisser tranquilles, toi! (*Il le pousse dehors ; Anatole sort par le fond.*)

SCÈNE XII.

RIBOULOT, FŒDORA, *puis* GRAFFIGNOL.

FŒDORA. Pourquoi me cachiez-vous sa présence, à ce jeune homme?... Mon cœur me disait bien qu'il devait être ici !... Ah! vous ne voulez pas qu'il soit mon époux! Eh bien! nous verrons !.. Anatole m'a parlé d'un secret...

RIBOULOT, *avec étonnement et colère.* Il a parlé d'un... (*Froidement, et faisant le geste de retrousser sa manche.*) C'est bon !

FŒDORA. Je n'y ai rien compris.

RIBOULOT. Merci... il ne manquerait plus que ça... ce serait du gentil!..

FŒDORA. Mais, c'est égal... je n'en aurai jamais d'autre... N'espérez pas me contraindre à un hymen odieux !.. Il faudrait me traîner mourante au pied des autels... et, si vous réussissiez à me faire violence, je me ficherais par la fenêtre !..

RIBOULOT, *à part.* C'est son maître de chant qui lui apprend toutes ces phrases... je lui ferai attendre son douzième cachet...

FŒDORA. Mon père, permettez-moi de finir mes jours dans un couvent.

RIBOULOT, *ému.* Je ne sais pas si il y en a encore; je prendrai des informations... (*On entend un coup de sonnette.*) Mais, en attendant, va au comptoir, ma bonne... voilà justement qu'on m'apporte ma provision de chiendent... Va le recevoir, mon chiendent, ça te rafraîchira...

GRAFFIGNOL, *rentrant par le fond, sa canne à la main* (1). Il est plus calme.

FŒDORA. Lui auriez-vous fait sentir votre courroux?..

GRAFFIGNOL. Oh ! pas bien fort !..

RIBOULOT. Graffignol, vous avez tort !.. un fils n'est pas un nègre...

GRAFFIGNOL. Sans doute, mais...

Air : *Je loge au quatrième étage.*

C' n'est pas la première algarade,
Que m' fait ainsi mon ostrogoth....
Il pouvait dans la cassonnade
Tout doucement fair' son magot,
Et s'arrondir un boursicot...
Dédaignant un honnête lucre,
Le drôle ose se gendarmer...
Il s'insurge contre le sucre...
C'est à la canne à le calmer !

FŒDORA, *à Graffignol.* Barbare !.. (*Passant à Riboulot* (2).) Père dénaturé !.. Ah ! si la colère des hommes nous sépare sur terre, nous serons réunis... quelque part... je vous en donne mon billet !..

RIBOULOT. Oui, c'est ça... Mais, n'oublie pas le chiendent. (*Fœdora sort par le fond.*)

GRAFFIGNOL, *attendri* (3). Elle m'arrache l'âme !

RIBOULOT. C'est une ondée... ça se passera... (*A part, regardant à sa montre.*) Neuf heures !.. l'heure des maçons !..

GRAFFIGNOL, *la canne à la main.* Riboulot, permets que je la calme... pas comme mon fils, mais selon son sexe !..

(1) R. F. A. G.
(2) R. G. F. A.
(3) F. R. A.

(1) F. G. R.
(2) G. F. R.
(3) G. R.

ENSEMBLE.

Air du *Violon du Diable* (Quadrille.)

RIBOULOT.

A la bonne heur' ! j'approuv', ça m' botte :
Oui, tâche de la consoler.
Qu' j' te retienn' pas... va, file, trotte,
Dépêche-toi de t'en aller.

GRAFFIGNOL.

A la bonne heur' ! puisque ça l' botte,
J' vas tâcher de la consoler.
Je n'entends pas ce qu'il marmotte,
Mais j' crois qu'il voudrait m' voir filer.

(Graffignol sort par le fond.)

SCÈNE XIII.

RIBOULOT, *puis* FŒDORA.

RIBOULOT, *seul*. Je suis charmé qu'il s'en aille, le butor !.. qui maltraite son fils... pauvre petit ! Je n'ai pour lui que des vœux chimériques, tandis que les volées qu'il lui flanque, ce Graffignol, sont de la plus entière réalité... *(Prenant sa lanterne et ses outils.)* Voici l'heure... à l'ouvrage... *(Il chante.)*

Dépêchons !
Travaillons !
De l'ardeur
Et du cœur.

(Il regarde autour de lui.) Personne !.. le moment est propice... *(Il lève la trappe.)* Ah ! si je réussis... avec de l'argent on arrange bien des choses... Allons, ce n'est pas le moment de bavarder, mais d'agir...

FŒDORA, *en dehors*. Eh bien ! elles sont propres vos consolations ! Tenez, vous et mon père, vous êtes un tyran !..

RIBOULOT, *qui a refermé vivement la trappe*. Allons, bon !.. Elle vient encore me scier le dos avec son Isidore... je vas filer par la petite cour...

FŒDORA, *entrant par le fond ; elle porte un paquet de chiendent, qu'elle pose sur le bureau* (1). Voilà le chiendent !..

RIBOULOT. Ah ! oui, le voilà... le chiendent !...

FŒDORA, *à son père, qui va pour sortir*. Papa, je suis décidée à mourir !..

RIBOULOT. Je ne peux pas... je suis pressé !.... Occupe-toi des émolients... ça calme... Je vais réparer ma fuite... *(Il sort par la droite.)*

FŒDORA, *à la porte*. Craignez de me réduire à la prendre, moi, la fuite !..

SCÈNE XIV.

FŒDORA, *puis* ISIDORE.

FŒDORA, *seule*. Ayez donc des parents !.. Ils s'imaginent qu'on a une fille, pour la serrer dans une armoire !.. Je suis d'une colère... Oh ! Isidore, je serai à toi malgré la volonté d'un père... qu'est-ce que je dis ? de deux pères !.. *(On entend frapper.)* Entrez ! entrez donc !.. *(On voit la trappe se lever et se baisser.)* Qu'est-ce que c'est que ça ? *(La trappe se lève tout-à-fait, et l'on aperçoit Isidore.)* Ciel ! Isidore !..

ISIDORE, *toujours dans la cave* (1). Que vois-je ?.. Fœdora !.. Serions-nous seuls ?..

FŒDORA. Entrez !.. *(Isidore entre, referme la trappe, et passe à gauche* (2).*)* Le ciel nous est propice !.. Mais, quelle protection mystérieuse vous a permis de vous donner de l'air ?..

ISIDORE. Figurez-vous que mon papa s'était mis dans le toupet de me faire tâter du régime cellulaire... Fœdora ! je pensais à vous, beaucoup, et je m'ennuyais... aussi je ne tardai pas à considérer l'insurrection comme le plus saint des devoirs... Mais mon père est venu tout-à-coup interrompre ma manifestation pacifique...

FŒDORA. Je le sais... Il vous a...

ISIDORE, *se frottant les épaules*. Le triomphe de l'ordre a été complet... Je résolus alors de m'évader à tout prix... En explorant tous les recoins de ma prison, qui était la salle à manger... je trouvai une côtelette froide de mouton... et pas d'issue... si ce n'est la porte de la cave... Je mangeai la côtelette, qui n'était pas bonne, et recommençai mes perquisitions... Je passe sous silence un vieux fricandeau, une croûte de pâté, et quelques pruneaux, que je grignottai en bouillant d'impatience...

FŒDORA. Tout ça, sans boire ?..

ISIDORE. Justement !.. Pour apaiser la soif qui me dévorait, je m'élance dans la cave... Oh ! surprise !.. Est-ce un songe ?.. un mur en démolition se présente à mes regards... et livre passage à mon amour... La cave à papa était percée...

FŒDORA. Dieu soit loué !.. nous voilà réunis pour toujours !..

ISIDORE. J'approuve ce *Te Deum*, Fœdora, mais mon père et sa canne peuvent nous séparer... Fuyons loin d'un monde perfide !.. *(Il remonte.)*

FŒDORA (3). Qu'osez-vous me proposer ?..

ISIDORE. Nous nous marierons chez Gretna-Green, un serrurier qui marie à tant par tête...

FŒDORA. Isidore, tu triomphes !..

ISIDORE. Dépêchons-nous, alors... vite, emporte de quoi changer.

FŒDORA. Je ne changerai jamais !

ENSEMBLE.

Air de la *Syrène*.

Partons, sans plus attendre,
Redoutons nos papas,

(1) F. R.

(1) F. I.
(2) I. F.
(3) F. I.

Qui pourraient nous surprendre
Et retenir nos pas.

FŒDORA.

Moment plein d'amertume !
Adieu, toit paternel !..

ISIDORE.

Du forgeron l'enclume
Nous servira d'autel !

ENSEMBLE.

Partons, sans plus attendre, etc.

TOUS DEUX. Fuyons... *(Ils remontent et rencontrent Anatole, qui entre par le fond.)*

SCÈNE XV.

LES MÊMES, ANATOLE.

ANATOLE (1). Comment! fuyons!.. et où ça?

ISIDORE. A Gretna-Green... nous marier, puisque nos pères ne veulent pas.

ANATOLE. Bast! bast! laissez-moi faire... Je viens enfin de trouver une idée... et celle-là, je crois que c'est la bonne... Voyons, voyons, nous disons... le père Riboulot est dans la cave, qui cherche un trésor... il croit que je ne l'ai pas deviné... Eh bien! c'est ça, oui... fameux!.. *(Il passe à gauche, monte sur une chaise et prend une petite cassette dans un placard au-dessus de la porte.)* Ah! tu cherches un trésor, toi!

ISIDORE (2). Ah çà! Anatole, vous êtes toqué, mon bonhomme... Qu'est-ce qu'il vous prend?

ANATOLE. Taisez-vous donc!.. c'est un trait de génie qui me prend... voilà tout! *(Élevant la cassette dans ses deux mains.)* O mânes de mes défuntes bourgeoises!.. je risque le paquet. *(Passant près d'Isidore.)* Tenez, prenez ceci. *(Il lui donne la cassette.)*

ISIDORE (3). Qu'est-ce que c'est que ceci?

ANATOLE. Votre contrat de mariage, si vous faites ce que je vais vous dire... *(Il lui parle bas avec force signes.)*

FŒDORA. Tiens, moi, je ne saurai donc pas... *(Elle cherche à entendre, et Anatole la repousse.)* Oh! dites-le-moi aussi.

ANATOLE, *à Isidore.* Et prenez bien garde au père Riboulot, qui est là-dedans... Au surplus, sa lanterne, comme un fanal, vous garantira de cet écueil... Allez, et vivement... *(A Fœdora.)* Vous, Mam'selle, retournez à votre chiendent. *(Il va ouvrir la trappe.)*

(1) F. A. I.
(2) A. F. I.
(3) F. A. I.

ENSEMBLE.

Air de *Frisetto.*

ANATOLE, *à Fœdora* (1).

Partez, n' craignez rien,
(A Isidore.)
Vous, diligence et mystère!
Dépêchez-vous de faire
C' que j' vous dis : tout ira bien.

ISIDORE ET FŒDORA.

Partons, n' craignons rien...
Mais pourquoi tout ce mystère?
Bast! laissons-le faire,
Puisqu'il dit qu' tout ira bien.

(Isidore descend les premières marches de la cave.)

ANATOLE (2).

J' comprends c' qui les empêche
D'unir ces p'tits... par bonheur,
J' suis là pour vendr' la mèche!..
J' suis votre ange protecteur!

ENSEMBLE.

ANATOLE.

Partez, etc.

ISIDORE ET FŒDORA.

Partons, etc.

(Isidore disparaît tout à fait. Fœdora sort par le fond.)

SCÈNE XVI.

ANATOLE, *seul, et fermant la trappe.* Le sort en est jeté!.. La tempête approche... Je viens de déchaîner les éléments... Que va-t-il arriver?... Je sens le *taf* qui m'empoigne!

Air du *Piége.*

Je m' fais l'effet, en cet instant fatal,
De faire un peu le métier de Pandore.
Est-ce du bien, enfin, est-ce du mal,
Qui de là sortira? J' l'ignore.
Non, j' suis plutôt comme l'artificier,
Sur qui parfois plus d'un éclat retombe...
C'est Isidor' qui me sert de mortier ;
J' viens d'y mettr' le feu... gar' la bombe!

(Voyant la trappe s'ouvrir.) C'est le moment de l'explosion... Voilà le père Riboulot... il tient la cassette... Le voile enfin va se déchirer!.. *(Il sort par le fond.)*

SCÈNE XVII.

RIBOULOT, GRAFFIGNOL.

(Riboulot sort mystérieusement de la cave, en tenant la cassette; à peine est-il dehors que

(1) F. I. A.
(2) F. A. I.
(3) R. G.

Graffignol, qui le suit, paraît à son tour, contemple son ami, entre en scène et referme doucement la trappe.)

RIBOULOT, *transporté* (1). Je l'ai enfin!.. je l'ai trouvé!.. le voilà!.. un trésor!.. Ah! ah!.. je... Oh!... allons, allons, Riboulot... du calme! du calme!.. Je le possède... à moi seul!

GRAFFIGNOL, *s'élançant*. Part à deux!

RIBOULOT, *désespéré*. O ciel!.. Hein?.. quoi?.. (*Il essaie de dissimuler la cassette, qu'il met dans son dos, entre son paletot et son gilet.*)

GRAFFIGNOL. Et quand je dis part à deux, je...

RIBOULOT. Ah! à la bonne heure... ce n'est qu'une plaisanterie...

GRAFFIGNOL. Je ne sache pas qu'on partage sa propriété avec celui... qui vous la soustrait.

RIBOULOT. Quoi! quoi! quoi!.. soustrait?..

GRAFFIGNOL, *résolument*. Ce trésor m'appartient!

RIBOULOT. Quel trésor?.. Ah! comment, tu crois à cela, toi?

GRAFFIGNOL. Je cherchais mon fils, et par monts et par vaux...

RIBOULOT. *Per montes et vitulos...*

GRAFFIGNOL. *Per montes et vitulos*, si tu veux... J'abandonne les monts pour me consacrer entièrement aux vaux... En d'autres termes, je quitte mes greniers pour visiter mes caves... je descends, et j'aperçois... un homme décoré...

RIBOULOT. Ce n'est pas moi.

GRAFFIGNOL. N'épiloguons pas... décoré d'une lanterne sourde... et fossoyant dans mon immeuble obscur... Il retire une cassette, sort par une brèche faite à mon mur, parcourt des souterrains sans nombre... sort par une trappe, entre dans une arrière-boutique de grainetier, emportant la cassette... (*Très dramatiquement.*) Et cet homme, le voici!.. cette cassette... elle est là!.. (*Il le retourne et frappe sur la cassette.*)

RIBOULOT. Puisque tu as tout vu, je n'essaierai pas de te le cacher... (*Il montre la cassette.*) Mais le trésor m'appartient... puisque c'est moi qui l'ai trouvé.

GRAFFIGNOL. Trouvé dans ma cave!

RIBOULOT. Ta cave?.. Du diable si je me doutais que c'était ta cave!.. Je n'avais pas l'avantage de la connaître... C'est par hasard... je cherchais le trésor... ça je l'avoue... Je vois une brèche... j'entre... D'ailleurs, la loi... la loi est pour moi.

GRAFFIGNOL. Du tout... je connais le Code, qui dit...

RIBOULOT. Qu'est-ce qu'il dit?.. Je dois en avoir un quelque part... (*Prenant un livre sur son bureau.*) Tiens, tiens, le voilà!

GRAFFIGNOL. Donne, je vas le trouver ça tout de suite... (*Il prend le Code et le feuillette.*)

RIBOULOT, *reprenant le Code*. Donne... je le trouverai mieux que toi... (*Cherchant.*) Tiens, voilà... « La propriété du sol emporte la propriété « du dessus et du dessous... » C'est clair! le dessus et le dessous... Soit! tu les auras!..

(1) R. G.

GRAFFIGNOL, *vexé*. Le mot est plaisant, mais déplacé!

RIBOULOT, *de même*. Un bon mot n'est jamais déplacé... je continue : «Article 716 : La propriété « du trésor appartient à celui qui le trouve. » Pardieu!

GRAFFIGNOL, *lui arrachant le Code et lisant :* « Dans son propre fonds.» — Ce n'était pas dans ton fonds!... Mais... (*Lisant.*) « si le trésor est « trouvé dans le fonds d'autrui... »

RIBOULOT, *même jeu*. « Il appartient à celui qui « l'a découvert... »

GRAFFIGNOL, *même jeu*. « Pour moitié. » — pour moitié!—« et pour l'autre moitié au propriétaire du « fonds. »

RIBOULOT. Ça y est?.. Eh bien!... ça n'y serait pas... que, parole d'honneur! j'ai toujours eu l'intention de partager avec toi!

GRAFFIGNOL. Eh bien! et moi donc!.. j'ai toujours eu cette intention-là aussi... que tu partages avec moi!

RIBOULOT. Dis donc... c'est bien léger... si ce n'était pas un trésor?..

GRAFFIGNOL, *lisant sur le Code*. « Le trésor est « toute chose enfouie ou cachée, sur laquelle « personne ne peut justifier sa propriété, et qui est « découverte par le pur effet du hasard.» C'est donc un trésor!.. (*Il passe près du bureau et approche une chaise* (1).

Air : *Comme il m'aimait.*

C'est un trésor! (*bis*)
Ça ne souffre aucun commentaire :
Mon cher, cette prose est fort claire.

RIBOULOT, *pesant la cassette.*

A coup sûr, ce n'est pas de l'or.
(*Il la pose sur une chaise entre eux deux.*)

GRAFFIGNOL.

Bast! la loi parle, elle est formelle,
Et le Code nous le révèle...
C'est un trésor! (*bis*)
(*Il remet le Code sur le bureau.*)

TOUS DEUX, *s'agenouillant de chaque côté de la cassette.*

Ce ne peut-être qu'un trésor!

RIBOULOT, *convaincu*. C'est bien un trésor... ouvrons!

GRAFFIGNOL, *avec joie*. Riboulot, je doterai ta fille!

RIBOULOT. Moi, j'établirai ton fils!

GRAFFIGNOL, *très attendri*. O mon ami... tu ignores à quel point je l'aime, ta fille!

RIBOULOT, *de même*. Non, non... il n'y a que le cœur d'un père pour éprouver... et tu ne sais pas, toi, tiens, ouvre... car l'émotion me...

(1) G. R.

GRAFFIGNOL, *ouvrant la cassette.* Ciel! des lettres! (*Ils se relèvent.*)

RIBOULOT. Des lettres!.. de change peut-être?.. (*Ils en prennent chacun une qu'ils lisent isolément.*)

GRAFFIGNOL, *stupéfait, à part.* Ma signature!

RIBOULOT, *de même.* Mon paraphe!..

GRAFFIGNOL, *de même.* Mes lettres à madame Riboulot.

RIBOULOT, *de même.* Mes lettres à madame Graffignol!

GRAFFIGNOL, *à part.* Comment se fait-il?

RIBOULOT, *à part, regardant Graffignol.* Il a lu!.. il sait que je l'ai fait...

GRAFFIGNOL, *à part, regardant Riboulot.* Grand Dieu!... il a lu!.. il ne peut plus douter qu'il le soit?.. (*Ils remontent tous les deux, se retrouvent au fond, et se regardent avec un embarras extrême.*)

RIBOULOT, *d'un air piteux.* Graffignol!

GRAFFIGNOL, *de même.* Riboulot!

RIBOULOT, *lui prenant la main et d'un air déchirant.* Mon ami!

GRAFFIGNOL. Oh! c'est affreux!

RIBOULOT, *à part.* Il me fend le cœur! (*Haut.*) Faut-il qu'un égarement fatal...

GRAFFIGNOL, *à part.* Il prend ça pas mal... (*Haut.*) Une amitié de trente ans serait-elle brisée pour?..

RIBOULOT. On s'exagère l'importance de... de cet inconvénient!..

GRAFFIGNOL. Il a passé tant d'eau sous le pont depuis.

RIBOULOT. Le fait est qu'il a passé tant d'eau *depuis* sous le pont!

GRAFFIGNOL. Pauvre femme!

RIBOULOT. Épargnons sa mémoire... moi seul j'eus tous les torts.

GRAFFIGNOL. Non! non! c'est moi, âme trop généreuse, c'est moi... car elle résista.

RIBOULOT. Oh! oui, elle résista, je lui dois cette justice... Je n'en fus que plus coupable!

GRAFFIGNOL. Non! c'est moi, te dis-je!.. O fatal nuit du dix novembre!..

RIBOULOT. Mil huit cent-vingt-neuf!

GRAFFIGNOL. Maintenant que tout est éclairci!.. je sais ce que mon devoir m'impose... tu vois qu'un mariage est impossible entre ces enfants, et tu comprends maintenant que je ne pouvais pas laisser se contracter une union à des degrés défendus par la loi!.. (*Avec amour.*) Ah! Riboulot, c'était un ange que tu avais là!

RIBOULOT, *naïvement.* Oui, mon ami, j'en conviens... quel trésor que ta femme!

GRAFFIGNOL, *avec un étonnement croissant.* Hein?...

RIBOULOT. Jamais je n'aimai la mienne avec cette passion!

GRAFFIGNOL, *de plus en plus étonné.* Hein?..

RIBOULOT, *continuant.* Vois-tu, c'était une frénésie... je l'aimais... avec fureur!..

GRAFFIGNOL. Ma femme?..

RIBOULOT, *naïvement.* Oui, mon ami... ta...

GRAFFIGNOL, *poussant un cri.* Ah! Riboulot!... une sueur froide m'inonde!.. je ne sais pas encore positivement ce qu'il y a... mais j'entrevois un jour sinistre!.. Riboulot, Riboulot, tu parlais de ma femme?

RIBOULOT. Mais oui, mon ami...

GRAFFIGNOL, *avec force et marchant sur Riboulot.* Tu as aimé ma femme?.. écrit à ma femme?.. Tu as eu un rendez-vous avec ma femme dans la nuit du dix novembre!..

RIBOULOT. Mil huit cent-vingt-neuf..... Mais puisque nous venons de nous expliquer...

GRAFFIGNOL. Il appelle ça s'expliquer! quoi! tu étais en criminelle conversation avec madame Graffignol... tandis que moi-même... avec madame Riboulot!

RIBOULOT, *étonné et effrayé.* Avec ma femme?.. hein!.. tu... avec ma femme?.. Tu étais avec ma femme pendant la nuit du dix novembre!

GRAFFIGNOL. Mil huit cent-vingt-neuf...

RIBOULOT. Mais cette lettre... (*Il montre la lettre que tient Graffignol.*)

GRAFFIGNOL, *échangeant les lettres.* « Graffignol à madame Riboulot... » Et je ne me doutais pas que celle-ci était de : « Riboulot à madame Graffignol!.. » Polisson!

RIBOULOT. Gringalet! cuistre! (*Ils se menacent.*)

GRAFFIGNOL. Je veux laver mon sang dans ton sang!

RIBOULOT. Oh! si j'avais des pistolets!..

SCÈNE XVIII.

LES MÊMES, ANATOLE, *paraissant à la porte du fond.*

ENSEMBLE.

Air du *Lac des fées.*

GRAFFIGNOL, RIBOULOT.

Ah! c'est abominable!
Oui, c'est une horreur!
Coquin, misérable!
Lâche suborneur!

(*Ils se jettent l'un sur l'autre.*

Il faut que j' l'assomme,
Ainsi l' veut l'honneur...
En vrai gentilhomme,
Vengeons mon honneur.

ANATOLE, *au fond.*

Ah! c'est épouvantable!
Quell's sont ces clameurs!
Coquin... misérable!
En v'là des douceurs.
Ils se regard'nt comme
Traîtres à l'honneur,
Quand ce n'est, en somme,
Qu'un' petite erreur!

ANATOLE, *entrant et les séparant.* Eh bien! eh bien! arrêtez!... (*Les deux époux le frappent à coups redoublés* (1.) Ça devait m'arriver!..

GRAFFIGNOL. Laisse-nous!.. tu ne sais pas!..

ANATOLE. Si!

GRAFFIGNOL. Quoi! tu viens d'entendre...

ANATOLE, *gaiement.* Je le savais... il y a vingt ans que je le sais!..

GRAFFIGNOL ET RIBOULOT. Malheureux!

ANATOLE. Et de plus... c'est moi qui ai mis la cassette dans la cave!..

RIBOULOT. Et pourquoi l'y as-tu mise?

ANATOLE. Je savais que vous cherchiez un trésor...

GRAFFIGNOL. Mais moi... je ne cherchais rien du tout... et j'ai trouvé...

ANATOLE. Il ne faut pas leur en vouloir aux défuntes...

RIBOULOT. Ne pas leur en vouloir? (*Le poussant.*) Mais tu étais donc leur confident?..

GRAFFIGNOL, *le poussant aussi.* Tu étais de connivence?

ANATOLE. Mais vous n'avez donc pas tout lu?

RIBOULOT. Nous en avons lu beaucoup!

GRAFFIGNOL. Trop!

ANATOLE. Pas assez!.. (*A Graffignol.*) Madame Olympe, la vôtre, qui survécut, m'avait dit à sa fin : « Anatole, si un jour nos dindons de ma- » ris... » Pardon, ce fut son expression...

RIBOULOT. Il n'y a pas de mal... c'était son mot chéri...

ANATOLE. « Si un jour nos dindons de maris se « montaient la tête à propos des enfants... éclair- « cis-les... » (*Il va à la cassette, cherche parmi les lettres et en prend une* (2.) « Avec ça... » (*Il donne la lettre à Riboulot.*) C'est une lettre de madame Riboulot à madame Graffignol.

RIBOULOT, *ouvrant la lettre en tremblant et lisant.* « Ma chère Olympe, depuis la fameuse « nuit... » Elle la trouve fameuse!.. « du dix no- « vembre dix-huit cent vingt-neuf, où nous avons « eu l'adresse de faire passer à nos maris infidèles « cette certaine nuit en bonne fortune avec leurs « propres femmes... » O ciel!

GRAFFIGNOL. Serait-il possible!

ANATOLE, *venant au milieu* (3). Pardié! c'est moi qui avais arrangé tout ça... L'ingénieux Cléobule... vous voyez... vous ne l'êtes pas!..

RIBOULOT, *avec dépit, à part.* La femme de Graffignol s'est moquée de moi!.. c'est bien petit!

GRAFFIGNOL, *de même.* La femme de Riboulot m'a fait poser!.. c'est bien plat!..

ANATOLE, *à part.* Ils sont fâchés de ne pas l'être!.. (*Il remonte.*)

(1) R. A. G.
(2) A. R. G.
(3) R. A. G.

RIBOULOT, *ému et tendant la main à son ami* Graffignol (1)!

GRAFFIGNOL, *de même.* Riboulot! (*Ils tombent dans les bras l'un de l'autre.*)

RIBOULOT, *brusquement.* Et nos enfants?..

ANATOLE, *au fond, faisant un signe au dehors.* Les voilà! (*Fœdora et Isidore entrent par le fond.*)

SCÈNE XIX.

LES MÊMES, FŒDORA, ISIDORE.

FŒDORA ET ISIDORE (2). Mon père!

RIBOULOT, *serrant Isidore sur son cœur.* Mon fils!

GRAFFIGNOL, *même jeu à l'égard de Fœdora.* Ma fille!

RIBOULOT, *s'apercevant qu'il se trompe.* Mais, non!.. (*A Graffignol.*) Donne-moi donc ma fille!

GRAFFIGNOL. Et toi, donne-moi mon fils? (*Isidore et Fœdora vont chacun à leur père. — Passant près de Fœdora* (3.) Tiens, marions-les tout de suite!..

RIBOULOT (4). Ça fait que nous ne nous tromperons plus!.. (*Graffignol fait passer Fœdora près d'Isidore.*)

ANATOLE (5). Ma mission est terminée.

CHŒUR FINAL.

Air :

Grâce au vertueux complot
De deux épouś's plein' de tendresse,
Nous pouvons chanter l'allégresse
Des Graffignol, des Riboulot!

RIBOULOT, *au public.*

Air : *Au temps heureux de la chevalerie.*

Nous aurions pu vous parler politique...

GRAFFIGNOL.

Blesser ceux-là, pour amuser ceux-ci.

RIBOULOT.

Vaut-il pas mieux revenir au comique,

GRAFFIGNOL.

Que si longtemps on vit fleurir ici.

RIBOULOT.

Nous, en faveur du simple vaudeville,

GRAFFIGNOL.

Associés, associons nos voix ;

RIBOULOT.

Et vous, Messieurs, dans son joyeux asile,

GRAFFIGNOL.

Applaudissez encor comme autrefois.

ENSEMBLE.

Et vous, Messieurs, etc.

CHŒUR.

Grâce au vertueux complot, etc.

(1) A. R. G.
(2) A. R. I. F. G.
(3) A. R. F. I. C.
(4) A. R. F. G.
(5) A. R. G. F. I.

FIN.

LAGNY. — IMPRIMERIE DE VIALAT ET Cie.

EN VENTE CHEZ LE MÊME ÉDITEUR :

L'Aïeule. 75
Un Monstre de Femme. 40
La Jeunesse de Charles Quint. 60
Le Vicomte de Létorières. 60
Les Fées de Paris. 50
Pour mon Fils. 50
Lucienne. 50
Les Jolies Filles de Stilberg. 50
L'Enfant de Chœur. 50
Le Grand Paladin. 60
La Tante mal Gardée. 40
Les Circonstances atténuantes. 40
La Chasse aux Vautours. 50
Les Batignollaises. 40
Une Femme sous les Scellés. 40
Les Aides de Camp. 50
Le Mari à l'essai. 50
Chez un Garçon. 40
Jokei's-Club. 40
Mérovée. 50
Les deux Couronnes. 60
Au Croissant d'Argent. 50
Le Château de la Roche-Noire. 40
Mon illustre Ami. 40
Le premier Chapitre 50
Talma en congé. 40
L'Omelette Fantastique. 50
La Dragonne. 50
La Sœur de la Reine. 60
La Vendetta. 50
Le Poëte. 50
La Maîtresse anonyme. 50
Les Informations Conjugales. 50
Le Loup dans la Bergerie. 50
L'Hôtel de Rembouillet. 60
Les deux Impératrices. 60
La Caisse d'Epargne. 60
Thomas le Rageur. 50
Derrière l'Alcôve. 40
La Villa Duflot. 50
Péroline. 50
La Femme à la Mode. 40
Les égarements d'une Canne et d'un Parapluie. 60
Les deux Anes. 50
Foliquet, coiffeur de Dames. 50
L'Anneau d'Argent. 40
Recette contre l'Embonpoint. 50
Don Pascale. 40
Mademoiselle Déjazet au Sérail. 40
Toubonlie le Cruel. 40
Hermance. 60
Les Canuts. 50
Entre Ciel et Terre. 40
La Fille de Figaro. 50
Métier et Quenouille. 50
Angélique et Médor. 50
Loïsa. 60
Jocrisse en Famille. 40
L'autre Part du Diable. 50
La Chasse aux Belles Filles. 60
La Salle d'Armes. 40
Une Femme compromise. 60
Palinods. 50
Madame Roland. 60
L'Esclave du Camoëns. 50
Les Réparations. 50
Mariage du Gamin de Paris. 50
Veille du Mariage. 40
Paris bloqué. 60
Un Ménage Parisien. »
La Bonbonnière. 50
Adrien. 50
Pierre le Millionnaire. 60
Carlo et Carlin. 60
Le Moyen le plus sûr. 50
Le Papillon Jaune et Bleu. 50
Polka en Province. 50
Une Séparation. 40
Le roi Dagobert. 60
Frère Galfâtre. 60
Nicaise à Paris. 40
Le Troubadour-Omnibus. 50
Un Mystère. 60
Le Billet de faire-part. 60
Polichinelle. 60
Fiorina. 60
La Sainte-Cécile. 60
Follette. 50

Deux Filles à Marier. 50
Monseigneur. 60
A la Belle Etoile. 40
Un Ange tutélaire. 50
Un Jour de Liberté. 60
Wallace. 60
L'Ecolier d'Oxford. 40
L'Oiseau du Bocage. 40
Paris à tous les Diables. 60
Une Averse. 50
Madame de Cérigny. 60
Le Fiacre et le Parapluie. 50
Morale en action. 50
Liberté Libertas. 50
L'Ile du Prince Toutou. 40
Mimi Pinson. 50
L'Article 170. 50
Les deux Viveurs. 60
Les deux Pierrots. 50
Seigneur des Broussailles. 50
Un Poisson d'Avril. 50
Deux Tambours. 50
Constant la Girouette. 40
L'Amour dans tous les Quartiers. 60
Madame Bugolin. 50
Petit Poncet. 60
Camoëns. 60
Escadron Volant. 50
Le Lansquenet. 50
Une Voix. 50
Agnès Bernau. 60
Amours de M. Denis. 50
Porthos. 50
La Pêche aux Beaux-Pères. 60
Révolte des Marmousets. 40
Le Troisième Mari. 50
Un Premier Souper. 50
L'Homme à la Mode. 60
Une Confidence. 60
Le Ménétrier. 60
L'Almanach des 25,000 Adresses. 60
Une Histoire de Voleurs. 50
Les Murs ont des Oreilles. 60
L'Enseignement Mutuel. 60
La Charbonnière. 60
Le Code des Femmes. 50
On demande des Professeurs. 50
Le Pot aux Roses. 50
La Grande et les Petites Bourses. 50
L'Enfant de la Maison. 50
Riche d'Amour. 60
La Comtesse de Moranges. 60
L'Amazone. 50
La Gloire et le Pot-au-Feu. 50
Les Pommes de terre malades. 60
Le Marchand de Marrons. 60
V'là ce qui vient d' paraître. 60
La Loi salique. 60
Nuage au Ciel. 50
L'Eau et le Feu. 50
Beaugaillard. 50
Mardi Gras. 40
Le Retour du Conscrit. 40
Le Mari perdu. 60
Dieux de l'Olympe. 60
Le Carillon de Saint-Mandé. 50
Geneviève. 60
Mademoiselle ma Femme. 50
Mal du Pays. 50
Mort civilement. 50
Veuve de quinze ans. 50
Garde-Malade. 50
Fruit défendu. 40
Un Cœur de Grand'Mère. 50
Nouvelle Clarisse. 60
Place Ventadour. 60
Nicolas Poulet. 50
Roch et Luc. 50
La Protégée sans le savoir. 60
Une Fille Terrible. 50
La Planète à Paris. 50
L'Homme qui se cherche. 50
Maître Jean, ou la Comédie à la Cour. 60
Ne touchez pas à la Reine. »
Une année à Paris. 60
Amour et Biberon. 50

En Carnaval. 50
Bal et Bastringue. 50
Un Bouillon d'onze heures. 40
Cour de Biberack. 50
D'Aranda. 60
Partie à Trois. 50
Une Femme qui se jette par la fenêtre. 60
Avocat Pédicure. 50
Trois Paysans. 50
Chasse aux Jobards. 50
Mademoiselle Grabutot. 50
Père d'occasion. 50
Croquignole. 50
Henriette et Charlot. 50
Le chevalier de Saint-Remy. 60
Malheureux comme un Nègre. 50
Un Vœu de jeune Fille. 50
Secours contre l'Incendie. 50
Chapeau Gris. 50
Sans Dot. 50
La Syrène du Luxembourg. 50
Homme Sanguin. 50
La Fille obéissante. 50
O'néa. 50
La Croisée de Berthe. 50
La Filleule à Nicot. 50
Les Charpentiers. 50
Mademoiselle Faribole. 50
Un Cheveu Blond. 50
La Recherche de l'Inconnu. 60
Les Impressions de Ménage. 50
L'Homme aux 160 Millions. 60
Pierrot Posthume. 50
La Déesse. 60
Une Existence décolorée. 50
Elle... ou la Mort! 50
Didier l'honnête Homme. 60
L'Enfant de quelqu'un. 60
Les Chroniques bretonnes. 50
Haydée ou le Secret. »
L'Art de ne pas donner d'Etrennes. 50
Le Poff. »
La Tireuse de Cartes. 50
La Nuit de Noël. »
Christophe le Cordier. 50
La Rose de Provins. 50
Les Barricades de 1848. 40
34 Francs! ou sinon!... 50
La Fille du Matelot. 50
Les deux Pommades. 40
La Femme blasée. 50
Les Filles de la Liberté. 50
Hercule Belhomme. 60
Don Quichotte. 50
L'Académicien de Pontoise. 50
Ah! Enfin! 50
La Marquise d'Aubray. 60
Le Gentilhomme campagnard. 50
Les Peureux. 40
Le Chevalier de Beauvoisin. 50
Le Gentilhomme de 1847. 60
La Rue Quincampoix. 60
L'Ange de ma Tante. 50
La République de Platon. 50
Le Club Champenois. 50
Le Club des Maris. 50
Oscar XXVIII. 60
Une Chaîne Anglaise. 60
Un Petit de la Mobile. 60
Histoire de rire. 50
Les 20 sous de Périnette. 50
Le Serpent de la Paroisse. 50
Agénor le Dangereux. 60
L'Avenir dans le Passé. 50
Roger Bontemps. 50
L'Eté de la Saint-Martin. 50
Jeanne la Folle. »
Les suites d'un Feu d'Artifice. 50
O Amitié!..... ou les trois Epoques. 60
La Propriété, c'est le Vol. 60
La Poule aux Œufs d'Or. 60
Elevés ensemble. 50
L'Hôtellerie de Genève. 60
A bas la Famille ou les Banquets. 50
Daniel. »
Jacques Maugars ou les Contrebandiers du Jura. 50

Le Voyage de Nannette. 50
Titine à la Cour. 50
Le baron de Castel-Sarrazin. 50
Madame Marneffe. 60
Un Gendre aux Epinards. 50
Madame veuve Lariflà. 50
La Reine d'Yvetot. 50
Les Manchettes d'un Vilain. 60
Le Duel aux Mauviettes. 50
Les Filles du Docteur. 60
Un Turc pris dans une porte. 60
Les Grenouilles. 50
Ce qui manque aux Grisettes. 50
La Poésie des Amours et... 50
Les Viveurs de la Maison-d'Or. 60
Un Troupier dans les Confitures. 60
Ma Tabatière, ou comment on arrive. 50
Gracioso, ou le Père embarrassant. 60
E. H. 50
Trompe-la-Balle. 50
Un Vendredi. 50
Le Gibier du Roi. 50
Bréda-Street, ou un Ange déchu. 50
Adrienne Lecouvreur. »
Sans le Vouloir. 50
Les Femmes socialistes. 50
Le Mobilier de Bamboche. 40
Les Beautés de la Cour. 60
La Famille. 60
L'hurluberlu. 50
Un Chevreau. 50
L'Ane à Baptiste ou le Berceau du Socialisme. 60
Les Prodigalités de Bernerette. 50
Les Bourgeois des Métiers. 60
La Graine de Mousquetaires. 60
Les Faubourgs de Paris. 60
La Montagne qui accouche. 50
Le Juif-Errant. 60
Adrienne de Carotteville. 50
Un Socialiste en Province. 50
Le Marin de la Garde. 50
Une Femme qui a une Jambe de bois. 50
Mauricette. 60
Une Semaine à Londres. 60
Le Cauchemar de son propriétaire. 50
Le Marquis de Carabas. 60
La Ligue des Amants. 60
Les Sept Billets. 60
Phœbus et Borée. 50
Passe-temps de Duchesse. 60
Les Cascades de Saint-Cloud. 60
Lorettes et Aristos. 50
Œil et Nez. 60
Les Compatriotes. 50
Un Tigre du Bengal. 60
La Femme à deux Maris. 50
Le Congrès de la Paix. 50
Les Représentants en vacances. 60
Les Grands Ecoliers en vacances. 50
Un Intérieur comme il y en a tant! 50
Le Moulin Joli. 50
La Rue de l'Homme armé. 60
La Fée aux Roses. »
Babet. 50
Un Lièvre en sevrage. 50
Evelyne. 50
Trumeau. 50
Mademoiselle Carillon. 50
L'Héritier du Czar. 60
Rhum. 60
Les Associés. 50
Les Fredaines de Troussard. 50
Les Partageux. 50

Lagny. — Imprimerie de Vialat et Cie.

www.ingramcontent.com/pod-product-compliance
Ingram Content Group UK Ltd.
Pitfield, Milton Keynes, MK11 3LW, UK
UKHW020502220726
13923UKWH00006B/2708

9 782019 298814